MIX
Papier aus verantwortungsvollen Quellen
FSC® C043106

3. Auflage 2022

Brunnenstraße 7, D-34286 Spangenberg
Tel.: 05663-280, Fax: 05663-6562
E-Mail: fischer-nagel@t-online.de,
URL: www.fischer-nagel.de

Druck und Bindung: Grafisches Centrum Cuno
GmbH & Co. KG, Calbe

ISBN 978-3-930038-75-6

Fotos:
Fischer-Nagel:18-19, 20-21, 28l.o.+u., 34r., 40r., 41l.;
über juniors@wildlife: Synatzschke 24o.l., Avalon 43o.r.;
über pixabay: 6, 10, 11o.,15u., 36o., 37, 38r.r., 41, 42o.r.;
über shutterstock: M. Conrad U1, geertweggen 2-3, 5, 25u., 32l., 33u., 35r., 44-45, U4; Neil Burton 4, 11u.l., 38.l.;
D. Danilor 7; Bourbon-88 8r.; St. Bernhard 9l.; M. Schaefer 9r.; Paolo-manzi 11u.r.; B. Nauswanger 12o.;
VOJTa herout 12u.; hfuchs 13o.; G. Farkas 13u.; st. alexander 15o.; M. Medcalf 16, 17o.; Sao-Aor 17u.; V. Lehir 18o.;
M. Gorpenyuk 18u.; I.Fish 19u.; M.Bagdon 18-19u.; seawhisper 20-21, Calvste 22o.; B. Simode 22u.; Miramiska 23o.; linerpics 23u.; Maksmilian 24u.l., 40l.;
juliasimages 25o.; J. Jokelainen 26; B. Cerven 27o.; M. Laschkin 28r.;
BLFootage 29; A. sergienko 30l.; J. Pienkowski 30r.; M. Halama 31o.r.; Bildagentur Zoonar 31u.r., 32r., 34l.; J.Stria 33u.; garmoncheg 35o.l.; H. Verburg 35u.;
petrovichlili 36u.; c.r. varndell 38r.; M. Caunt 39l.; venars original 42;
über Wikimedia Commons: 8l.; H.Sauerbrey 27u.; Lucarelli 39r.; J. Svetlik u.r.; AndiW 43 u.r.

Heiderose und Andreas Fischer-Nagel

Flinke Eichhörnchen

Verlag Heiderose Fischer-Nagel

»Tjuk, tjuk, tjuk!«

»Tjuk, tjuk, tjuk« klingt es über uns in den Bäumen. Mit scharfen Krallen klettert etwas den Baum rasend schnell hinauf.

»Tjuk, tjuk, tjuk« ruft es wieder und trommelt dazu mit seinen Pfoten gegen den Baumstamm. Es ist ein rotweißes, puscheliges Tier, das nun von einem Baum zum anderen segelt, beinahe so, als hätte es Flügel. Es ist aber kein Vogel, sondern ein Eichhörnchen, der kecke, quirlige Waldbewohner im fuchsroten Pelz.

Wenn es ruft und trommelt, zuckt es gleichzeitig mit dem buschigen Schwanz, den es dabei auf den Rücken legt. Schließlich folgt seinem »Tjuk, tjuk, tjuk« noch ein Laut, der wie durch die Nase gezogen klingt: »Nhhhhh«.

Sind Eichhörnchen aufgeregt oder bei der Balz, hörst du sie außerdem quieken, knarren, schnalzen oder knurren.

Zum Klettern schlägt das Eichhörnchen alle Krallen wie Spikes gleichzeitig in den Baum und klettert schnell und stoßweise, ganz oft spiralförmig wie auf einer unsichtbaren Wendeltreppe, den Stamm hinauf. Geht‘s abwärts, funktionieren die Hinterkrallen wie kleine Anker. Der Klammerreflex und die Kletterkunst sind den Eichhörnchen angeboren.

Bis zu fünf Meter weit springen sie durch die Luft, steuern mit ihrem buschigen Schwanz, um den nächsten Baum nicht zu verfehlen. Sie sind richtige Wipfelstürmer. Hoch oben in den Baumkronen fühlen sie sich am wohlsten. Auch die Fähigkeit zu klettern, ist ihnen angeboren und dort oben, in luftiger Höhe, fühlen sich die kleinen Kobolde sicher. Dort schlafen sie und bauen ihr Nest.

Eichhörnchen können wie alle Wirbeltiere, ausgenommen der Menschenaffen, schwimmen, nutzen diese Fähigkeit aber nur, wenn sie wirklich mal einen kleinen Bach überqueren müssen.
Wegen ihrer Schönheit und ihrem lustigen Wesen wurden Eichhörnchen von vielen Künstlern gemalt oder fanden als Kobolde Verwendung in Märchen, Sagen und Geschichten.

Der Weltenwandler – Ratatöskr

Hoch im Norden, zur Zeit der Wikinger, war das Eichhörnchen dem Donner- und Feuergott Thor gewidmet. »Ratatöskr«, zu deutsch »Nagerzahn«, lebte in den Zweigen des Weltenbaumes »Yggdrasil« und konnte zwischen den Welten – im Grunde zwischen Himmel, Erde und Unterwelt – herumspringen.
Dabei ärgerte es die Wesen, die in den verschiedenen Stockwerken der immergrünen, bis über den Himmel hinausragenden Esche lebten. Im »Obergeschoss« lebte der Adler und in den Wurzeln, dem »Untergeschoss«, der Drache »Nidhögg«. Beide nutzten das Eichhörnchen als Boten und Überbringer von Gehässigkeiten.

Bei den Germanen galt das Eichhörnchen, ebenso wie der rote Fuchs, als heiliges Tier des Donnergottes Donar, der in den Eichen wohnte. Groß und gutmütig soll Donar gewesen sein, ein Freund der Menschen, die er mit all seiner gewaltigen Kraft gegen Trolle und andere Unholde beschützte.

In Griechenland hielt man Eichhörnchen als Haustiere, als Gefährten und Spieltiere für die Kinder.
Im alten Rom bereiteten die lustigen Tiere reichen Damen großes Vergnügen.

Ganz oben im Bild links siehst du einen schwarzen Vogel, dies ist der Adler. Ganz unten, unter der Wurzel, frisst der Drache Nidhögg an der Wurzel des Baumes, dazwischen rennen vier Eichhörnchen hin und her, um Nachrichten zu überbringen.

Bei uns galt das Eichhörnchen bei den abergläubischen Christen als Geschöpf der Unterwelt. Nur der Teufel konnte doch in dem flinken, rot bepelzten Eichhörnchen stecken, das die Menschen nur allzu leicht ablenkte.

Eichhörnchen sind ursprünglich Waldbewohner. Doch inzwischen finden sie in der Stadt Nahrung und Unterschlupf, zum Beispiel auf den Friedhöfen oder in Parks, wo es alte, hohe Bäume gibt. Deshalb nennen wir Eichhörnchen »Kulturfolger«, sie sind uns in unseren Lebensraum gefolgt.

Über Eichhörnchen sagen die Menschen so dies und das, zum Beispiel: »Du bist so flink wie ein Eichhörnchen«. Eichhörnchen sind nämlich keine Teufel, sondern niedliche und liebenswerte Tiere, die sehr fleißig, flink, fröhlich, aber auch neugierig, unermüdlich und mutig sind.

Natürlich hast du auch schon oft gehört: »Mühsam ernährt sich das Eichhörnchen«! Damit wird gesagt, dass der, der gut versorgt sein will, auch fleißig sein und manchmal sehr viele kleine Dinge zusammentragen muss, um gut über die Runden zu kommen. Für das Eichhörnchen bedeutet das, dass es für den Winter Futter verstecket, damit es bei Eis und Schnee etwas von seinen Vorräten futtern kann und nicht verhungert.

Eichhörnchens Lebensraum

Eichhörnchen sind ursprünglich Waldbewohner. Sie leben im Tiefland und hoch im Gebirge bis etwa 2200 Meter.

Inzwischen haben die kleinen roten Hörnchen unsere Städte erobert.

Auf Friedhöfen, in Gärten, Laubenkolonien oder in Parks leben sie ganz ungestört und finden auch genug Nahrung. Dort huschen die rot bepelzten Gipfelstürmer herum und werden oft ganz zutraulich.
Sie fressen die Beeren, Knospen und Samen der Bäume und Sträucher. Dort, wo das Futterangebot reichlich und vor allem aber regelmäßig gut ist, finden sich Eichhörnchen ein.

Dort paaren sich die Eichhörnchen auch häufiger erfolgreich und bekommen regelmäßig Junge, besonders dort, wo durch die Menschen noch eine gute Zufütterung stattfindet.

Gerne mögen Eichhörnchen einen dichten Unterbewuchs aus Sräuchern unter ihren Wohnbäumen. Das bietet besseren Schutz vor Feinden.

Je nachdem, wo Eichhörnchen leben, ist ihr Fell unterschiedlich gefärbt: rot, braun oder schwarz. Bei uns siehst du meist die richtig roten Eichhörnchen, die im Winter etwas matter sind und ein paar mehr graue Haare im Winterpelz haben.

Im Gebirge, je höher man gelangt, springen mehr schwarze Eichhörnchen herum.

Von den 190 Arten der Hörnchenfamilie kennen wir in Mitteleuropa nur eine einzige Art: das Eichhörnchen, auch Eichkätzchen genannt, das Europäische Rote Eichhörnchen. Weitere Arten leben z.B. in verschiedenen Regionen Europas, in Nordasien, Indien und Amerika.

In Baumkronen zu Hause

Eichhörnchen sind Kletterkünstler, ja man kann sagen, dass sie neben dem Baummarder die geschicktesten Kletterer überhaupt sind. Sie bewegen sich geradezu akrobatisch durchs Geäst, beherrschen den Spagat von Ast zu Ast.

Springen sie von einem Baum zum anderen, plustern sie ihr Haarkleid auf, besonders den Schwanz, und schweben durch die Luft.

Mit ihren Bewegungen sind sie perfekt an das Leben in den Bäumen angepasst. Ihre Sinneshaare im Gesicht warnen sie vor zu engen, gefährlichen Stellen. Sie sind wie ein Warnsystem, denn das Eichhörnchen vermag dann die Gefahrenstellen geschickt zu umgehen.

Am Boden bewegt sich das Eichhörnchen laufend und springend. Man bemerkt sofort, dass es sich auf den Bäumen wohler und sicherer fühlt. Deshalb nutzt es auch jeden auf der Strecke befindlichen Baum, um ein Stückchen hinaufzuklettern und erst einmal aufmerksam in die Runde zu schauen, ehe es wieder seinen Weg über den Boden fortsetzt.

Dort läuft es hoppelnd und springt 30 bis 90 Zentimeter weit, um schnell den nächsten Baum zu erreichen.

Bei Gefahr erklimmt es sofort den nächsten Baum, bleibt in luftiger Höhe an den Stamm gedrückt ruhig sitzen und fühlt sich »unsichtbar«.

Die kleinen Kletterkünstler sind tagaktiv. Besonders am Morgen und am Nachmittag sind sie lebhaft unterwegs. In der Mittagszeit oder bei ungewöhnlicher Hitze dösen sie lieber auf einem Ast oder in ihrem Nest.

Prächtiges Haarkleid

Eichhörnchen sind in vielen Ländern Europas und Asiens verbreitet.
Von Region zu Region verändert sich ihre Fellfarbe ein wenig. So gibt es helle, goldfarbene, rote, graue und schwarze Eichhörnchen. Sie wiegen etwa zwischen 200 bis 450 Gramm und messen von der Nasenspitze bis zum Schwanzende ungefähr 36 bis 45 Zentimeter.

Natürlich ist das schöne, seidige Fell im Winter dichter als im Sommer, weil es zusätzlich noch eine wärmende Wollhaarschicht am Körper trägt. Sogar die Fußsohlen sind im Winter behaart. Das Fell wird zweimal im Jahr gewechselt, das Schwanzhaar und die drei Zentimeter langen Ohrpinsel nur einmal während des Sommers.

Die Eichhörnchen mit dem schönsten und dichtesten Fell soll es in Sibirien und Nord-Finnland geben. Hier herrscht eine graue Fellfarbe vor.

Immer noch fertigt man aus ausländischen schönen Eichhörnchenfellen auch Kleidungstücke an.
»Feh-Pelze« werden diese verarbeiteten Pelze genannt. Je grauer das Fell, umso dichter und voller ist es.
Heute gibt es viele künstliche Fasern, die wie Pelz aussehen, sodass man auf das Töten der Tiere verzichten kann. Tierfreunde tragen ohnehin keine Pelze!
Mancherorts wurden Eichhörnchen auch gegessen. Reste solcher menschlichen Verhaltensweisen fand man zum Beispiel bei Ausgrabungen in der Schweiz an den großen Seen.

Flugkünstler mit buschigem Schwanz ...

Eichhörnchen sind Nagetiere.
In der Familie der Hörnchen bilden sie, wie der Biologe sagt, eine Gattung. Sie haben lange, scharfe Schneidezähne, die pro Monat einen Zentimeter wachsen und ständig abgenutzt werden müssen.
Die Zähne sind so stark, dass sie damit harte Nüsse aufnagen können.

Besonders auffällig ist neben den puschligen Pinselöhrchen im Winter, dem glänzend roten Haarkleid und dem weißen Bauch der 20 Zentimeter lange, buschige Schwanz, der beinahe wichtigste Körperteil.

Der Schwanz dient den Eichhörnchen als Steuerruder, wenn sie von Baum zu Baum springen oder auf dünnen Ästen balancieren.

Beim Flug von Wipfel zu Wipfel können sie damit sogar die Flugrichtung korrigieren.
Der Schwanz gibt ihnen beim Klettern Halt, wenn sie kopfüber, sich mit ihren scharfen Krallen in der Rinde verhakend, die Bäume blitzschnell herunterklettern.

Schließlich nützt der buschige Schwanz tatsächlich als Schutz bei Sonne, aber nicht wie ein Sonnenschirm, sondern eher kühlend und gut durchlüftet wie ein Mäntelchen.

Ist es kalt, ist der Schwanz eine prima Zudecke, wenn er beim Schlafen über den Körper oder die Jungen gelegt wird.

... und einem guten Riecher

Mit seinen großen, schwarzen, seitwärts stehenden Knopfaugen blickt das Eichhörnchen aufmerksam in die Runde. Und das ist fast wörtlich gemeint: Es hat fast »Rundumsicht«! Es sieht hervorragend, denn ansonsten könnte es sich nicht so schnell und zielgerichtet bewegen, schon gar nicht in den Baumwipfeln.

Außerdem hört es gut und hat einen super Geruchssinn, mit dem es sogar seine versteckte Nahrung wiederfindet. Früher dachte man immer, Eichhörnchen würden ihre im Herbst angelegten Vorratsverstecke vergessen und nur zufällig finden.

Heute weiß man, dass die Eichhörnchen eine Art Lageplan ihrer Vorräte im Gehirn abspeichern und mindestens 90 Prozent ihrer Verstecke, also fast alle, wiederfinden, sogar unter einer dicken Schneedecke von 30 Zentimetern. Dazu nutzen sie nämlich ihre Supernase.

Mit den Tasthaaren an der Schnauze, am Kinn und rund um die Augen testen Eichhörnchen neue Wege und Verstecke.

Die Vorderpfötchen, auch Finger genannt, tragen vier Greifzehen und einen verkrümmten Daumen zum Sammeln und Halten der Nahrung. An den fünf Zehen der langen, schlanken Füße sitzen die scharfen Krallen, mit denen es sich beim Abwärtsklettern bestens festklammern kann.

Auf Brautschau

In der Paarungszeit lassen sich die Eichkätzchen, die sonst Einzelgänger sind, am besten beobachten.
In wilden Jagden geht es die Bäume herauf und hinunter. Ihr Tempo ist geradezu atemberaubend. Bis zu 20 Kilometer pro Stunde sind für die roten Tiere nicht ungewöhnlich.

Die buschigen Schwänze werden gespreizt und als Signal der Liebe eingesetzt. Die Weibchen riechen in der Brunftzeit für die Männchen unwiderstehlich. Ihr Geruch wird bis zu einer Entfernung von eineinhalb Kilometern wahrgenommen. Doch ein Weibchen lässt sich nicht so schnell erobern.

Es wird laut im Geäst zur Paarungszeit.
Du hörst die Hörnchen schnattern, rufen, knaspeln und kratzen! Mehrere Männchen jagen hinter einem Weibchen her, bis es stehen bleibt. Das kann Stunden bis Tage dauern. Das Männchen, das am ausdauerndsten ist und dann zuerst beim Weibchen ist, darf sich mit ihm paaren. Es hat Kraft und Ausdauer bewiesen.

Zweimal im Jahr können Eichhörnchen Junge bekommen: im Frühjahr und mitten im Sommer. Die Paarung findet manchmal schon Anfang Januar statt, sodass es schon im Februar Junge geben kann. Meist geht es aber mit dem Nachwuchs erst im März so richtig los. Die letzten Jungtiere werden im August geboren. Paarung und Geburt der Jungen sind oft davon abhängig, wie lang der Winter war und ob das Weibchen im Frühjahr noch genug Kraft hat, um Junge zu bekommen. Wenn es von der langen Winterszeit zu ausgezehrt ist, wirft es erst im Sommer seine Jungen.

Ein Kobel unterm Himmel

Kurz nach der Paarung beginnt das Weibchen mit dem Bau seines Wurfnestes, dem Kobel. Innerhalb von drei bis fünf Tagen baut es einen neuen oder repariert den alten Kobel. Das macht es ganz allein, denn der Eichhörnchenvater hat keine Aufgabe in der Familie. Er wird gleich nach der Paarung vertrieben.

Meist baut das Weibchen bis zu acht Kobel im Revier in einer Höhe zwischen 3 und 18 Metern.
Das Nest für die die Geburt der Eichhörnchenkinder wird ganz oben in den Baumwipfeln gebaut. Das Weibchen baut es am liebsten in einer Astgabel, dicht am Stamm, wodurch es besonders guten Halt hat.

Bild oben: In Laubbäumen sind die Kobel oft auch zu entdecken, wenn die Bäume grün sind. In Nadelbäumen sind sie meist nicht zu finden.

Bild links: Für den Innenausbau des Nestes für die Jungen wählt das Weibchen weiches Heu, Moos, Tierhaare sowie Tier- und Pflanzenwolle.

Kräftige Stürme können den Kobel natürlich herunterwerfen, aber normaler Wind und Regen können ihm nichts anhaben.

Der Kobel ist kugelrund. Außen misst er 30 bis 40 Zentimeter im Durchmesser und besitzt zwei Schlupflöcher, die vom Boden nicht sichtbar sind. Als Baumaterialien dienen Blätter, Zweige, Rinde, Gras, Moos, Federn und Tierhaare, die das trächtige Weibchen in der Schnauze herbeischafft.

Der Winterkobel, der zur Winterruhe dient, ist größer, dicker und schützt vor Regen und Kälte. Ihn nutzen manchmal mehrere Eichhörnchen, was den Vorteil hat, dass sie sich gegenseitig wärmen.

Bild oben: Gerne werden von Eichhörnchen auch Baumhöhlen oder sogar Nistkästen für den Bau ihrer Nester benutzt, sofern sie groß genug sind und ein ausreichend großes Schlupfloch haben.

Bild links: Dieses Eichhörnchen hat am Ast einer Linde die Rinde geschält, um die Fasern für den Bau des Kobels zu verwenden. Die frische Rinde der Linde ist besonders weich, biegsam und lässt sich in langen Streifen abziehen.

Eichhörnchens Kinderstube

Nach 36 bis 44 Tagen bringt das Weibchen bis zu fünf Junge zur Welt. Es sind Nesthocker, die ohne die Fürsorge ihrer Mutter nicht lebensfähig wären.

Sie sind nackt und blind, wiegen ungefähr 8 bis 15 Gramm und sind etwa zehn Zentimeter groß. Sie werden gesäugt, gewärmt und mehrmals täglich gründlich geputzt. Beim Putzen nimmt die Mutter ihr Junges in die Vorderpfoten, dreht und wendet es, bis es richtig sauber geleckt ist. Dabei regt sie Darm und Blase der Kleinen zur Entleerung an.

Nach einer Woche wächst den Kleinen das Fell auf dem Kopf, nach der zweiten Woche sind sie am ganzen Körper behaart.

Ab der 3. Woche brechen die Schneidezähne durch.

Die Augen und Ohren öffnen sich spät, erst in der vierten Woche nach der Geburt. Eichhörnchenbabys haben es schwer und manchmal überlebt tatsächlich nur ein einziges das erste Jahr. Feinde sind recht schnell zur Stelle und zerren die Jungen aus dem Kobel. Manche fallen auch heraus und überleben den Sturz aus luftiger Höhe leider nicht.

Perfekt geputzt

Immer wieder putzt die Mutter ihr eigenes, seidiges Fell. Körperpflege ist den Eichhörnchen sehr wichtig: mit den Vorderpfoten das Schnäuzchen, den Schwanz mit den Krallen und einmal am ganzen Körper ordentlich gekratzt, dann kann es weitergehen. Sogar die Zähne werden geputzt, wenn das Eichhörnchen Pflanzenfasern durch die Zahnlücken zieht, um Speisereste zu beseitigen.

Umzug in ein sicheres Versteck

Ein Weibchen hat mehrere Kobel, sodass es bei Gefahr seine Jungen in ein sichereres Nest transportieren kann.

Damit die Kleinen beim Weg durch die Baumwipfel nicht verloren gehen, packt die Mutter jedes einzeln mit der Schnauze im Nacken, seitlich am Hals oder auch an der Bauchhaut.

Ältere Junge, die sich schon zusammenrollen können, klammern sich mit ihren Krallen am Hals und Nacken der Mutter fest.

Das Anklammern ist ihnen angeboren und so gelingt es der Mutter, ihre Jungen in den nächsten Kobel zu bringen. Schnell und vor den Blicken der Feinde verborgen, findet der Umzug statt.
Die Jungen bewegen sich während des Transports nicht. Nur so lassen sie sich sicher eines nach dem anderen transportieren.

Um »auf Nummer sicher« zu gehen und eventuelle Verfolger abzuschütteln oder die noch teilweise besetzte Kinderstube geheim zu halten, wählt die Eichhörnchenmutter beim Hin- und Herklettern zwischen den beiden Kobeln Umwege.

Training fürs Leben

Im Alter von 35 Tagen können sich die Kleinen selbst putzen, etwas nagen und zeigen eine Abwehrhaltung, wenn sie sich bedroht fühlen.

Mit sieben Wochen werden die Jungen immer noch gesäugt, fressen aber bereits Nahrung, die ihnen die Mutter bringt und die ihr von den Jungen aus dem Maul gerissen wird.

Nun wird das Leben rund um den Kobel deutlich munterer. Die Kleinen verlassen das Nest und toben durch das Geäst. Sie müssen täglich üben, damit sie auch einmal so geschickt und flink wie ihre Mutter werden. Ihre guten Anlagen, die sie für ein

Eichhörnchenleben brauchen, werden von der Mutter gefördert. Die Jungen ahmen ihr Verhalten nach und lernen so fürs Leben. Bald können die Eichhörnchenkinder selbst auf Nahrungssuche gehen, beschützt von der Mutter, die ihre Kinderschar mit Lauten wie „duck,duck,duck oder „wuck, wuck, wuck““ zusammenhält.

Wer junge Eichhörnchen beobachtet, sieht, dass sie erst einmal alles aufnehmen und annagen, was etwa so groß wie eine Walnuss ist. Erst später verbinden sich die angeborenen Verhaltensweisen mit gelernten Erfahrungen und die Eichhörnchen suchen ihr Futter zielstrebig. So öffnet ein Eichhörnchen niemals eine faulige oder hohle Nuss.

Schnell erwachsen

Die Eichhörnchenkinder wachsen schnell heran. Schon nach wenigen Wochen sind sie erwachsen.
Meist verlassen sie im Alter von 40 Tagen das Nest, versuchen eigene Kobel zu bauen und kehren nur ab und zu zum Schlafen in »ihr« Nest zurück. Gerne spielen die Jungen noch miteinander.

Es wirkt wie ein schnelles Versteckspiel. »Husch«, im Nu verschwinden sie hinter den Stämmen und lugen wieder hervor, sausen in Blitzesschnelle hintereinander her.

Mit vier Monaten sind die Jungen selbstständig. Die Mutter überlässt ihnen den Kobel und geht ihrer eigenen Wege. Nun heißt es bald den ersten Winter zu überstehen. Das ist nicht einfach und viele Jungtiere sterben. Manche verhungern in strengen Wintern, andere fallen Habicht oder Baummarder zum Opfer. In der Stadt sterben viele Eichhörnchen auf den Straßen.

Oft hoppeln sie hinüber und man glaubt, sie seien in Sicherheit, dann drehen sie plötzlich um und der Autofahrer kann nicht mehr bremsen.

Die, die überleben, gründen schon im Folgejahr eine Familie. Eichhörnchen werden schon mit zehn Monaten geschlechtsreif.

Das Balancieren im Geäst und das gleichzeitige Ernten der Nüsse ist noch ganz schön schwierig!

Wenn Eichhörnchen einen idealen Lebensraum bewohnen, könnten sie zwölf Jahre alt werden. Meist werden sie jedoch höchstens drei Jahre alt. Zu viele Gefahren lauern in der Umwelt.

»Tischlein deck dich!«

Eichhörnchen leben dort, wo die Natur ihnen viel Nahrung bietet.
Im Frühling ernähren sie sich von Knospen, jungen Trieben und Pflanzenwurzeln.
Im Sommer steht die Rinde junger Bäume auf dem Speiseplan oder das darunter liegende frische Holz. Sehr selten fressen sie Vogeleier. Dass sie Jungvögel fressen, ist nicht nachgewiesen. Für ihre Ernährung brauchen sie auch Erde, denn die enthält wichtige Mineralstoffe.

Sie leben von Eicheln, Walnüssen, Haselnüssen, den Samen vom Ahorn, den Zapfen der Nadelbäume, von Kastanien und Bucheckern. Ihre Lieblingsspeise sind natürlich Nüsse.

Kein Wunder, dass sie auf alten Baumbestand angewiesen sind, denn nur Bäume, die älter sind, bringen Samen hervor. Lecker finden Eichhörnchen Blaubeeren, Himbeeren, Hagebutten, Brombeeren und Pilze.
In den Gärten finden sie Obst. Sie fressen sogar Schnecken, Insekten, Ameisenpuppen und mögen Saft aus der Rinde von Bäumen.

Im Sommer benötigt ein Eichhörnchen täglich 55 Gramm Futter, im Frühling und Herbst mehr als das und im Winter weniger, weil es lange ruht.

Eichhörnchen trinken wenig, kommen aber keinesfalls ohne Wasser aus. Nur bei großer Hitze sieht man sie an kleinen Bächen, Teichen und Tümpeln. Oft lecken sie einfach den Tau von den Blättern. Ihre Nahrung enthält ausreichend Feuchtigkeit. Im Winter, wenn sie die vertrockneten Vorräte fressen, lecken sie Schnee.

Wer knackt die Nuss?

Hast du schon mal Nüsse geknackt? Ganz schön schwierig ist das, selbst wenn du einen Nussknacker hast.

Eichhörnchen können schon im Alter von acht Wochen Nüsse knacken. Sie halten die Nuss in den Händen, nagen mit ihren Schneidezähnen ein Loch und schieben ihre Schneidezähne hinein. Nun sprengen sie die Schale mit den Zähnen wie mit einem Hebel auf.

Die Futterstücke ergreifen sie mit den Fingern der Vorderpfötchen. An einem sicheren Platz lassen sie sich gemütlich nieder, um sie zu verzehren.

Bei den Kiefer- oder Fichtenzapfen futtern sie die Samen spiralartig ab. Eine nach der anderen Fruchtschuppe des Zapfens wird abgebissen und der darunter liegende Samen herausgeholt. Zum Schluss ist der Zapfen kahl. Die Schuppen und Reste der Samen sowie die Zapfenspindel fallen zu Boden und verraten uns, dass hier ein Eichhörnchen gespeist hat.

Wer denkt, dass dies lange dauert, irrt. Schon nach wenigen Minuten ist die Arbeit für ein Eichhörnchen erledigt. Es kann täglich bis zu 100 Zapfen fressen. Zapfen enthalten nicht so viel Nährwert wie Haselnüsse. Die Samen eines großen Zapfens entsprechen dem Nährwert einer einzigen Haselnuss.

Im Herbst bietet die Natur so viel Futter, dass die Eichhörnchen meist bequem ihren Wintervorrat anlegen können, indem sie die Samen an verschiedenen Stellen in ihrem Revier verbuddeln. Aus solchen Verstecken wachsen dann natürlich auch neue Bäume heran, sodass Eichhörnchen im Wald eine wichtige Rolle haben.

Gut vorgesorgt für schlechte Zeiten

Der Herbst schenkt den Eichhörnchen mit seinen vielen Früchten und Samen Futter im Überfluss. Nun heißt es, an den Winter zu denken. Die Eichhörnchen legen sich eine kleine Speckschicht und natürlich zahlreiche Verstecke an: Sie scharren mit ihren Vorderpfötchen eine Mulde hier und da in den Boden, legen Nüsse oder Früchte hinein, drücken sie in die Tiefe und schieben mit ihrer Schnauze Erde darüber. Andere Vorräte werden in Baumritzen und -höhlen versteckt, ein bisschen kommt in den Kobel und ein bisschen in die Astgabeln der Umgebung.

Achtung: Feind in Sicht!

Eichhörnchen haben einige Feinde.
Aus der Luft trachten Bussard und Habicht nach ihrem Leben. In den Baumkronen, wo sie ihre Kobel gebaut haben, stellt ihnen der Baummarder nach.

Flinke Wiesel und geschmeidige Wildkatzen verfolgen sie in den Bäumen oder wenn sie eilig über den Waldboden hoppeln. Füchse, Hunde, Schlangen, Hermeline erwischen meist die Jungtiere.

Da nutzt es manchmal wenig, dass Eichhörnchen bei Gefahr einfach mitten in der Bewegung erstarren und meinen, dadurch unsichtbar zu sein. Dabei bubbert das Herz wie verrückt, fast 300 mal in der Minute. Auf jeden Fall besteht im »Erstarren« die Chance, dass sie für viele Beutegreifer uninteressant sind, die mehr dem flüchtenden Opfer hinterherjagen. Dem Schutz dient ihr rotbraunes, braunes bis graues Fell, denn es verschmilzt mit dem Braun der Baumstämme, sodass es von oben kaum entdeckt wird. Von unten aber, gegen den hellen

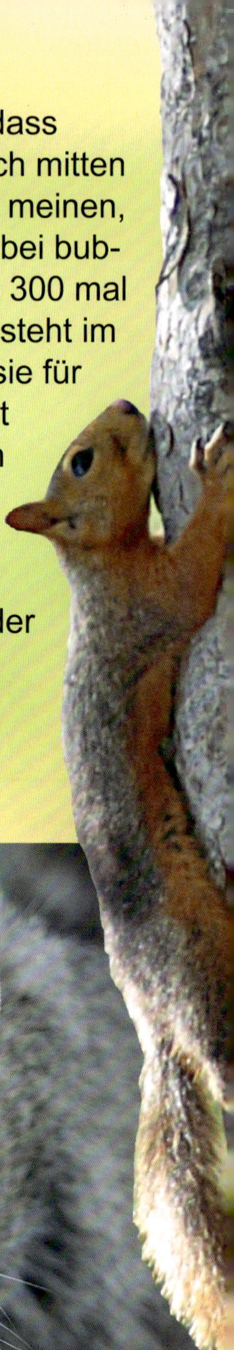

Himmel, ist das Eichhörnchen durch den weißen Bauch so hell, dass wir es nur mühsam sehen.
Eichhörnchen nehmen Greifvögel schnell wahr. Sie haben ein großes Gesichtsfeld, können super nach vorn und ganz zur Seite sehen. Nähert sich ein Greifvogel, suchen die Hörnchen Schutz im Kobel oder rasen spiralförmig um den Baum herum. Die Greife können ihnen nicht folgen. Nur im Sturzflug schafft es ein Greif, ein Eichhörnchen zu erbeuten.

Der Baummarder ist zwar auch ein geschickter Kletterer, aber deutlich schwerer und behäbiger als das zierliche Eichhörnchen. Er könnte nie über die dünnen Äste die Verfolgung aufnehmen, dafür ist er ausdauernder und vor allem nachtaktiv, sodass er die Eichhörnchen im Schlaf überraschen und töten kann.

Die häufigste Todesursache der Eichhörnchen ist jedoch das Verhungern!
Der Mensch ist deshalb Helfer, wenn er füttert. Leider wird er für die Hörnchen auch zur Gefahr, denn er spritzt allzu gerne Gifte in der Natur aus, stellt Regentonnen auf, aus denen es kein Entrinnen gibt, besitzt Swimmingpools, aus denen Eichhörnchen nie wieder herausklettern können, oder überfährt sie mit dem Auto.
Jeder von uns muss lernen, verantwortungsvoll mit der Natur umzugehen!

In Menschenobhut

Manchmal fallen Eichhörnchen aus dem Nest und gelangen in Menschenhand. So niedlich, liebenswert und zutraulich sie sich in unsere Hand zu kuscheln vermögen, die Aufzucht junger Eichhörnchen gehört in erfahrene Hände!

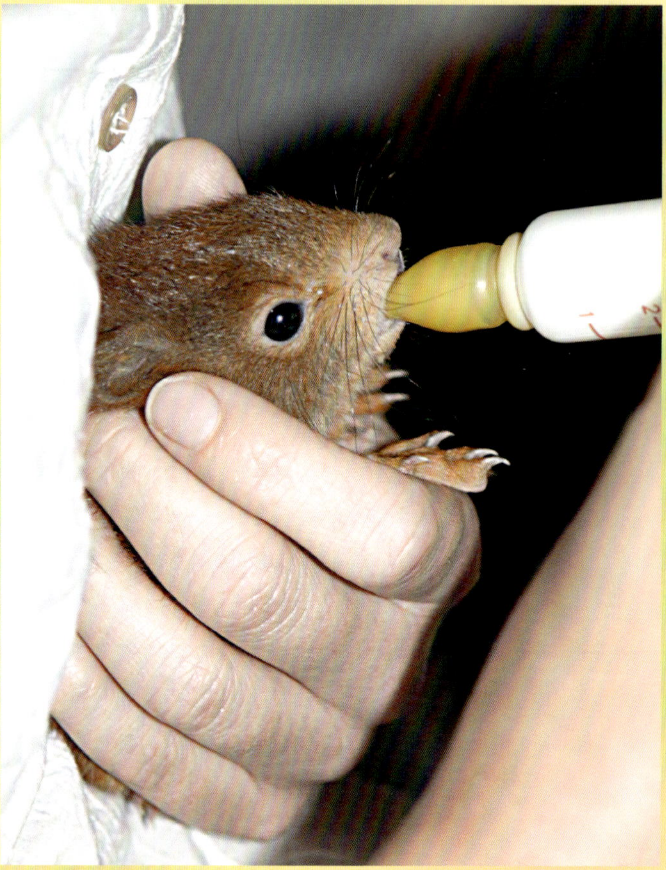

Dafür gibt es den Eichhörnchen-Notruf unter: www.eichhörnchen-notruf.de und viele andere Wildtier- und Auffangstationen. Hier werden verwaiste oder verletzte Tiere aufgezogen und wieder ausgewildert.

Eichhörnchen werden von Menschen gezüchtet. Sie leben in Volieren und können sehr zutraulich werden. Die Haltung der Tiere unterliegt strengen Vorschriften. Davon einmal abgesehen, sollten wir Wildtiere nicht zum Spaß halten. Keine Voliere ist groß genug, um ihnen genügend Lebensraum zu bieten. Der Bestand unserer Roten Eichhörnchen ist erfreulicherweise auch nicht bedroht. Ein Grund mehr, sie nicht in Gefangenschaft zu züchten.

Viel schöner ist es, wenn sie als pelziger Gast mitten im Winter im Futterhäuschen sitzen. Die kleinen Kletterkünstler knabbern gern die schönen Nüsse und Körner, mit denen wir Vögel füttern.

Das ist besonders schön, weil ja viele Menschen denken, dass Eichhörnchen einen Winterschlaf halten, so wie die Igel oder die Siebenschläfer. Diese Tiere schlafen nach Möglichkeit den ganzen Winter hindurch ganz fest. Ihr Herz schlägt langsamer, die

Körpertemperatur sinkt und sie atmen ganz langsam.

Eichhörnchen halten nur eine Winterruhe. Sie wachen auf, wenn der Magen knurrt und suchen zielstrebig ihre kleinen Vorratsplätzchen auf. Wie gut, dass sie im Herbst vorgesorgt haben. Doch wenn nun Eis und Schnee das Land so im Griff haben, dass alles im wahrsten Sinne des Wortes eingefroren ist?

Dann leiden Eichhörnchen Hunger und freuen sich, wenn sie ein Futterhäuschen im Garten oder einen Futterplatz im Wald finden.

Was füttern wir Eichhörnchen? Wir können ihnen Sonnenblumenkerne, Nüsse, Kürbiskerne, Rosinen und Apfel anbieten. Gut ist frisches Wasser. Es gefriert aber leicht und muss deshalb täglich frisch aufgestellt werden.

Andere Hörnchen

Grauhörnchen

Das Grauhörnchen ist größer als unser Rotes Europäisches Eichhörnchen und lebt im Osten der USA. Ursprünglich lebte es im Eichenwald, ist aber heute mehr und mehr auch im Nadelwald zu finden. Von Amerika aus verbreitete sich das Grauhörnchen auf andere Kontinente und ist heute in England und in Italien zu finden. Obwohl Grauhörnchen ebenso niedlich sind, wäre es besser, wenn sie sich hier nicht weiter verbreiten würden. Unser Eichhörnchen und das Grauhörnchen fressen nämlich die gleiche Nahrung und haben die selbe Lebensweise. Deshalb sind sie Konkurrenten. Es besteht die Gefahr, dass es bei uns eines Tages mehr Grauhörnchen als Rote Eichhörnchen gibt.

Europäisches Ziesel

Mit bis zu 23 Zentimeter Länge ist das Ziesel nur wenig kleiner als das Eichhörnchen. Dank seines gelbgrauen Fells mit den wenigen weißen Flecken, dem viel kürzeren Schwanz und seiner ganz anderen Lebensweise wird es niemand mit ihm verwechseln.
Es kann nicht klettern, sondern lebt in Bauen, die es auf ausgedehnten Grassteppen Südosteuropas bis Österreichs selbst in die Erde gräbt. Wie das Murmeltier hält es einen etwa sechsmonatigen Winterschlaf.

Europäisches Gleithörnchen

Früher wurde dieses kleine Hörnchen gerne als »Flughörnchen« bezeichnet, nur wirklich fliegen, wie die Fledermäuse, kann es nicht.
Wenn es von Baum zu Baum springt, spannt es die dicht behaarte Haut zwischen Vorder- und Hinterbeinen auf und kann somit deutlich weiter segeln, als es ihm nur durch Springen möglich wäre.
Gleithörnchen sind deutlich kleiner als unser Eichhörnchen. Im Gegensatz zu diesem ist es nachtaktiv und baut nur ganz selten eigene Kobel, sondern bewohnt die Höhlen, die der Schwarzspecht oder der Buntspecht gezimmert haben. In Europa lebt es in den ausgedehnten nördlichen Nadelwäldern von Finnland und Russland, besonders in Sibirien.

Burunduk oder Gestreiftes Backenhörnchen

Dieses als Heimtier beliebte Hörnchen, misst nur etwa 15 Zentimeter und ist damit viel kleiner als ein Eichhörnchen. Wie dieses kann es gut klettern, lebt in seinem nördlichen und nordöstlichen Verbreitungsgebiet jedoch in selbst gegrabenen Erdbauen, in denen es dann seinen langen Winterschlaf hält.
Gelegentlich kommt es in Mitteleuropa sogar als freilebendes Tier in Parks und auf Friedhöfen vor, wo es sich zuweilen auch über Jahrzehnte hält. Diese Tiere stammen aber alle aus der Gefangenschaft und verbreiten sich nicht weiter.

Eichhörnchensprache

Unsicherheit:
Weißt du, wie Eichhörnchen ihre Unsicherheit zeigen? Sie wedeln mit dem Schwanz heftig mal nach links und mal nach rechts. Dazu legen sie ihre Puschelohren zurück und rattern mit den Zähnen. Vorsichtshalber ziehen sie sich zurück.

Ärger und Wut:
Ab und an hörst du Schnalzlaute. Man sagt: Das Eichhörnchen »keckert«. Dazu vibriert sein ganzer Schwanz und es klopft und hackt mit den Krallen in den Baum. Wenn es vor Wut droht, richtet es sich sogar auf die Hinterbeine auf und sträubt das Rückenfell. Versucht der Rivale zu fliehen oder vergisst, sich rechtzeitig unterwürfig zu zeigen, muss er schnelle Füße machen, damit er nicht in den Schwanz gebissen wird.

Spielen:
Ganz anders ist es, wenn sie spielen möchten: Junge Eichhörnchen spreizen die Haare ihres Schwanzes breit auf und legen ihn dann auf den Rücken. Die Ohren sind aufgerichtet und die Tiere springen mit allen Vieren gleichzeitig ab, und das mehrmals hintereinander.

Locken:
Die Eichhörnchenmutter lockt ihre Jungen mit „duck, duck, duck“ oder „wuck, wuck, wuck“.

Kontakt:
Untereinander und unterwegs heißt es „Tjuk, tjuk, tjuk, nnnh“ und dabei wird mit den Vorderpfoten getrommelt.

Gefahr:
Bei Gefahr wird laut gequiekt. Hohe, schrille, kurze Laute tönen dabei durch den Wald.

Und? Hast du ihnen schon einmal zugehört? Wir hoffen, du hast Lust bekommen, die flinken Eichhörnchen zu beobachten!

Unsere weiteren Fotosachbücher: brillant, informativ,

978-3-930038-45-9

978-3-930038-13-8

978-3-930038-24-4

978-3-930038-17-6

978-3-930038-74-9

978-3-930038-15-2

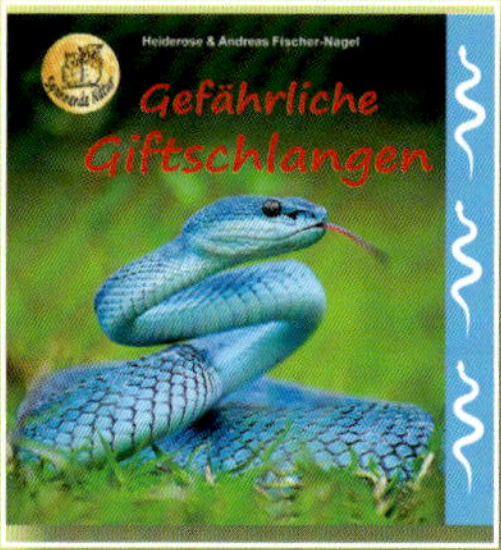

978-3-930038-79-4

978-3-930038-64-0

978-3-930038-90-9

978-3-930038-38-1

978-3-930038-97-8

978-3-930038-25-1

978-3-930038-87-9

978-3-930038-46-6

978-3-930038-47-3

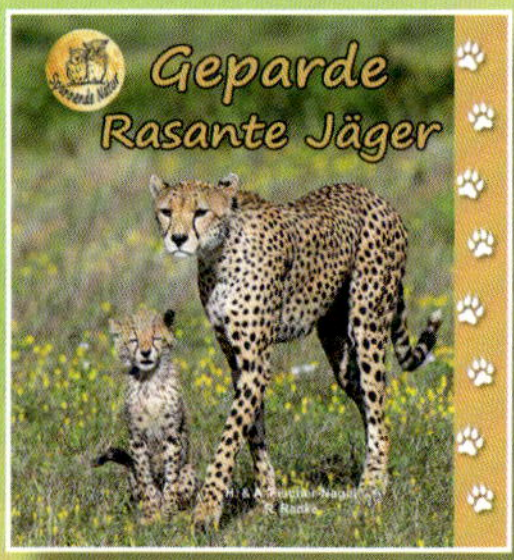

978-3-930038-63-3

978-3-930038-31-2

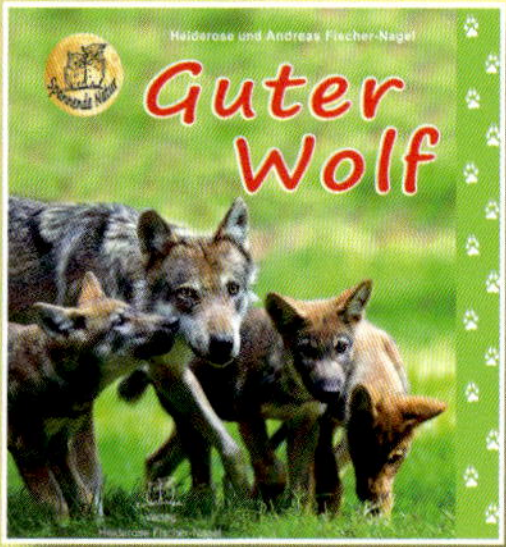

978-3-930038-36-7

978-3-930038-35-0

978-3-930038-73-2

In Ihrer Buchhandlung oder Verlag Heiderose Fischer-Nagel, Brunnenstraße 7, D-34286 Spangenberg-